总体国家安全观普及丛书

GUOJIA JINGJI ANQUAN ZHISHI BAIWEN

国家经济安全知识

本书编写组

人民出版社

前　言

　　习近平总书记提出的总体国家安全观立意高远、思想深刻、内涵丰富，既见之于习近平总书记关于国家安全的一系列重要论述，也体现在党的十八大以来国家安全领域的具体实践。总体国家安全观的关键是"总体"，强调大安全理念，涵盖政治、军事、国土、经济、金融、深海、极地等诸多领域，而且将随着社会发展不断动态调整。党的二十大报告指出，必须坚定不移贯彻总体国家安全观，把维护国家安全贯穿党和国家工作各方面全过程；提高各级领导干部统筹发展和安全能力，增强全民国家安全意识和素养。二十届中央国家安全委员会第一次会议，审议通过了《关于全面加强国家安全教育的意见》。为推动学习贯彻总体国家安全观走深走实，在第九个全民国家安全教育日到来之际，中央有关部门在组织编写科技、文化、金融、生物、生态、核、数据、海外利益、人工智能等重点领域国家安全普及读本基础上，又组织编写了第四批国家安全普及读本，涵盖经济安全、深海安全、极地安全 3 个领域。

读本采取知识普及与重点讲解相结合的形式，内容准确权威、简明扼要、务实管用。读本始终聚焦总体国家安全观，准确把握党中央最新精神，全面反映国家安全形势新变化，紧贴重点领域国家安全工作实际，并兼顾实用性与可读性，插配了图片、图示和视频二维码，对于普及总体国家安全观教育和提高公民"大安全"意识，很有帮助。

总体国家安全观普及读本编委会

2024 年 4 月

C目录
ONTENTS

篇 三

★ 确保能源资源安全 ★

篇 四

★ 维护产业链供应链安全稳定 ★

篇 五

★ 统筹开放和安全 ★

篇　六

★　防范化解重点领域风险　★

篇一

经济安全是国家安全的基础

怎样理解经济安全的内涵？

通常意义上，经济安全涉及粮食安全、能源资源安全、产业链供应链安全、金融安全、海外利益安全以及民生保障等诸多领域，政治、文化、社会、生态等领域安全风险往往也会伴随或引发经济安全风险。维护我国经济安全，要坚持社会主义市场经济体制，坚定不移推动高质量发展，不断提高经济整体实力、竞争力和抵御国内外各种冲击与威胁的能力，防控好重大经济安全风险，保障关系国民经济命脉的重要行业和关键领域、重点产业、重大基础设施、重大建设项目以及其他重大经济利益安全。

> **延伸阅读** 主要经济体均将经济安全纳入国家安全战略
>
> 国家制定和实施安全战略，经济利益是基本的出发点。经济安全已成为主要经济休国家安全战略

的关键内容。

美国拜登政府 2022 年公布的《国家安全战略》提出，为了战胜其竞争对手并应对共同的挑战，美国需要通过关键的国内投资来提高其竞争优势。战略性公共投资是 21 世纪全球经济产业和创新的基础，美国将实施现代工业和创新战略，保护其关键基础设施安全，在半导体和先进计算机、下一代通信、清洁能源技术和生物技术等关键领域加大投资。

俄罗斯 2021 年发布新版《国家安全战略》。文件指出，为了获得竞争优势，美国等西方国家对俄及其伙伴公开实施经济制裁，对俄经济等方面造成极为严重的影响。俄罗斯将调动全民潜力，实现国家经济现代化和工业发展，立足现代化技术对国民经济进行体制结构调整，保持宏观经济稳定，确保实体经济稳步发展，对工业企业进行现代化改造，克服俄经济对技术、设备和配件进口的严重依赖，巩固在航空、造船、火箭、航天、发动机制造、核电工业以及信息通信技术领域的领先地位和竞争优势，在对外经济活动中减少使用美元。

欧盟委员会2023年发布《欧洲经济安全战略》，提出了欧盟经济安全优先事务、识别安全风险以及规划经济安全的行动路径。该战略要求从促进（promoting）、保护（protecting）和伙伴合作（partnering）方面应对经济安全问题，其不仅关注经济安全本身，还延伸至科技、基础设施、原材料等领域。

日本2022年出台《经济安全保障推进法案》。该法案旨在从经济层面确保日本的国家安全利益，即利用经济手段实现和维护日本的安全、独立和繁荣，主要包括强化重要物资供应链、强化关键基础设施的安全保障、促进公私部门在开发尖端技术方面的合作、对敏感技术专利的保密等四方面内容。

 为什么说经济安全是国家安全的基础？

经济安全在国家整体安全中的重要性不言而喻。

只有推动经济持续健康发展，才能筑牢国家繁荣富强、人民幸福安康、社会和谐稳定的物质基础，没有经济安全，文化、教育、社会等领域安全也就无从谈起。从党的执政基础看，经济安全是赢得民心、巩固政权、稳定社会的基本条件。并且，随着经济全球化深入发展，国家间的经济互动持续增多，经济竞争日益成为大国竞争的主战场，频频出现的经济领域危机和制裁成为世界各国面对的突出问题，这就使得经济安全在国家安全体系中的基础地位越来越凸显。

> **重要论述** **总体国家安全观**

必须坚持总体国家安全观，以人民安全为宗旨，以政治安全为根本，以经济安全为基础，以军事、文化、社会安全为保障，以促进国际安全为依托，走出一条中国特色国家安全道路。

——习近平总书记 2014 年 4 月 15 日在中央国家安全委员会第一次会议上的讲话

**当前我国经济安全主要面临
哪些风险挑战?**

经过改革开放以来的高速发展,我国经济实力显著增强,已成为世界第二大经济体,社会主义市场经济体制持续完善,产业结构在调整中不断优化,经济发展的质量和效益显著提升,人民生活水平持续提高,抵御内外部各种冲击与威胁的能力明显增强。

但也要看到,国家经济安全领域仍然存在不少薄弱环节和突出短板,经济安全面临的风险挑战更为复杂严峻。从国际看,世界百年未有之大变局加速演进,国际力量对比深刻调整,大国博弈更趋激烈,地缘政治冲突加剧,在高通胀、高债务、高利率制约下,世界经济增长动能趋弱,风险挑战增多,对我国发展的不利影响加大。从国内看,发展不平衡不充分问题仍然突出,国内大循环存在卡点堵点,群众在就业、教育、医疗、托育、养老、住房等方面面临不少难题。

**党的二十大对维护国家经济安全
作出了哪些重要部署？**

党的二十大报告从党和国家事业发展战略全局出发，对推进国家安全体系和能力现代化作出了战略部署，也为我们做好维护国家经济安全工作指明了前进方向、提供了科学指引。

报告强调，推动经济实现质的有效提升和量的合理增长。加强重点领域安全能力建设，确保粮食、能源资源、重要产业链供应链安全。全面落实粮食安全党政同责，牢牢守住十八亿亩耕地红线，逐步把永久基本农田全部建成高标准农田，深入实施种业振兴行动，强化农业科技和装备支撑，健全种粮农民收益保障机制和主产区利益补偿机制，确保中国人的饭碗牢牢端在自己手中。深入推进能源革命，加强煤炭清洁高效利用，加大油气资源勘探开发和增储上产力度，加快规划建设新型能源体系，统筹水电开发和生态保护，积极安全有序发展核电，加强能源产供储销体系建设。以国家战略需求为导向，集聚力量进行原创性引领性科技攻关，坚决打赢关键核心技术攻坚战。巩固优势产业领先地位，在关系安全发展的领域加快补齐短板，提升战略性资源供应保障能力。加强和完善现代金融监管，强化金融稳定保障体系，依法将各类金融活动全部纳入监管，守住不发生系统性风险底线。完善分配制度，实施就业优先战略，健全社会保障体系。

 如何理解发展和安全要动态平衡、相得益彰？

发展和安全是一对辩证关系。习近平总书记指出，贫瘠的土地上长不成和平的大树，连天的烽火中结不出发展的硕果。发展与安全犹如硬币的"两面"，相互支撑、相互促进、高度融合，形象地说就是"一体之两翼、驱动之双轮"。安全是发展的前提，发展是安全的保障，没有安全的发展是脆弱、不稳定的，没有发展的安全是不可持续的。统筹发展和安全，增强忧患意识，做到居安思危，是我们党治国理政的一个重大原则。贯彻总体国家安全观，统筹发展和安全最为紧迫，也最为关键。要坚持发展和安全并重，实现高质量发展和高水平安全的良性互动，既通过发展提升国家安全实力，又深入推进国家安全思路、体制、手段创新，营造有利于经济社会发展的安全环境，努力实现发展和安全的动态平衡，确保社会主义现代化事业顺利推进。

6 怎样理解以新安全格局保障新发展格局？

　　加快构建以国内大循环为主体、国内国际双循环相互促进的新发展格局，是以习近平同志为核心的党中央立足实现第二个百年奋斗目标、统筹发展和安全作出的战略决策，是为了在各种可预见和难以预见的狂风暴雨、惊涛骇浪中，增强我们的生存力、竞争力、发展力、持续力，确保中华民族伟大复兴进程不被迟滞甚至中断。

党的二十大报告提出以新安全格局保障新发展格局，这是顺应世界之变、时代之变、历史之变的必然要求，对实现高质量发展和高水平安全良性互动具有重要意义。以新安全格局保障新发展格局，必须牢固树立总体国家安全观，把维护国家安全贯穿党和国家工作各方面全过程，同经济社会发展一起谋划、一起部署，为全面建设社会主义现代化国家、全面推进中华民族伟大复兴提供坚强保障。

怎样正确认识和把握防范化解重大风险？

面对波谲云诡的国际形势、复杂敏感的周边环境、艰巨繁重的改革发展稳定任务，只有更好统筹发展和安全，坚持底线思维，增强忧患意识，提高防控能力，着力防范和化解重大风险，才能保持经济持续健康发展和社会大局稳定。必须始终保持高度警惕，把防风险摆在突出位置，着力破解各类矛盾和问题。既要高度警惕"黑天鹅"事件，也要防范"灰犀牛"事件；既要有防范风险的先手，也要有应对和化解风险挑战的高招；既要打好防范和抵御风险的有准备之战，也要打好化险为夷、转危为机的战略主动战。要完善风险防控机制，建立健全风险研判机制、决策风险评估机制、风险防控协同机制、风险防控责任机制。

篇二

牢牢把住粮食安全主动权

为什么说中国人的饭碗任何时候都要牢牢端在自己手里？

　　根据联合国粮农组织定义，粮食安全是让所有人在任何时候既能买得到又能买得起足够的、安全的和有营养的食物，以满足其积极和健康生活的膳食需要及食物喜好。立足国内基本解决我国人民吃饭问题，是由我国的基本国情决定的。当前，全球粮食产业链供应链不确定性增加，我国粮食供求紧平衡的格局长期不会改变。只有立足粮食基本自给，才能掌握粮食安全主动权，进而才能掌控经济社会发展这个大局。靠别人解决吃饭问题是靠不住的。如果我们端不稳自己的饭碗，就会受制于人。我们的立足点、着眼点是，决不能买饭吃、讨饭吃，饭碗里必须主要装我们自己生产的粮食。

> **相关知识** 《习近平关于国家粮食安全论述
> 摘编》

　　2023年,《习近平关于国家粮食安全论述摘编》由中央文献出版社出版发行。论述摘编分8个专题,共计240段论述,摘自习近平同志2012年12月15日至2022年12月23日期间的报告、讲话、演讲、谈话、贺信、指示、批示等80多篇重要文献。其中部分论述是第一次公开发表。习近平同志围绕国家粮食安全发表的一系列重要论述,立意高远,内涵丰富,思想深刻,对于全面推进乡村振兴、加快建设农业强国,全方位夯实粮食安全根基,全面落实粮食安全党政同责,确保中国人的饭碗牢牢端在自己手中,具有十分重要的意义。

 新粮食安全观的主要内容是什么?

　　党的十八大以来,以习近平同志为核心的党中央把解决好十几亿人的吃饭问题作为治国理政的头等大事，提出"谷物基本自给、口粮绝对安全"的新粮食安全观，确立"以我为主、立足国内、确保产能、适度进口、科技支撑"的国家粮食安全战略，带领亿万人民走出了一条中国特色粮食安全之路。习近平总书记指出："经过艰苦努力，我国以占世界 9% 的耕地、6% 的淡水资源，养育了世界近 1/5 的人口，从当年 4 亿人吃不饱到今天 14 亿多人吃得好，有力回答了'谁来养活中国'的问题。"

如何理解大食物观？

"吃饭"不仅仅是消费粮食，肉蛋奶、果菜鱼、菌菇笋等样样都是美食。树立大食物观是党中央顺应人民群众消费结构变化作出的重大部署，是对传统以粮为纲观念的拓展升级。树立大食物观，并不意味着粮食不重要，而是以更加开阔的视野，从耕地资源向整个国土资源拓展，从传统农作物和畜禽资源向更丰富的生物资源拓展，全方位多途径开发食物资源，开发丰富多样的食物品种，实现各类食物供求平衡，更好满足人民群众日益多元化的食物消费需求，让大家吃得饱、吃得好、吃得营养安全。

安徽合肥市翡翠学校厨师向学生们讲解食物营养搭配知识，引导学生养成健康饮食、均衡营养的生活方式

 当前我国粮食安全形势如何？

面对复杂多变的国际粮食市场形势，保障粮食生

产、确保粮食安全成为世界各国共同面临的重大挑战。党的十八大以来，我国粮食生产稳步发展，从 2015 年起，粮食产量连续 9 年稳定在 1.3 万亿斤以上，粮食市场供应充足、运行平稳，粮食物流和应急保障能力不断增强，粮食安全保障水平显著提升。总的看，我国粮食安全形势较好，有能力、有底气、有条件应对外部冲击，端稳、端牢"中国饭碗"。

❯ 相关知识　《中华人民共和国粮食安全保障法》

　　2023 年 12 月 29 日，《中华人民共和国粮食安全保障法》经十四届全国人大常委会第七次会议表决通过，自 2024 年 6 月 1 日起施行。粮食安全保障法共设 11 章 74 条，包括总则、耕地保护、粮食生产、粮食储备、粮食流通、粮食加工、粮食应急、粮食节约、监督管理、法律责任和附则。粮食安全保障法坚持总体国家安全观，深入实施国家粮食安全战略，建立完善粮食安全保障体系，全方位夯实粮食安全根基，为维护国家粮食安全提供有力法治保障，推动我国粮食安全工作从政策性治理向法治化治理转变。

12 什么是"藏粮于地、藏粮于技"战略？

　　藏粮于地、藏粮于技，是以习近平同志为核心的党中央坚持以底线思维审视我国粮食安全态势，坚持以新发展理念为引领，审时度势作出的战略抉择，其本质要求就是"向耕地和科技要产能"。实施藏粮于地战略，持续加强耕地质量保护与提升，就要严守耕地保护红线，落实最严格的耕地保护制度，规范耕地占补平衡，实行耕地轮作休耕制度，实施黑土地保护工程；建设集中连片、旱涝保收、高产稳产的高标准农田；大力加强农田水利建设。实施藏粮于技战略，走依靠科技提高单产的内涵式发展道路，就要加快实现高水平农业科技自立自强，着力提升农业科技创新体系整体效能，打造国家农业科技战略力量，加快推进农业关键核心技术攻关；开展种源"卡脖子"技术攻关，加快选育适宜机械化生产、高产优质多抗广适的新品种；提供高质量农业科技供给，健全粮食产业科技服务体系，提升科技运用水平。

 我国为什么要实行最严格的耕地保护制度？

　　耕地是粮食生产的命根子。生活中，人类大部分食物以及其他生活必需品都是由耕地直接提供或由其提供的产品转化而来。耕地作为农民重要的生产资料，为农民提供了坚实的生活保障。管好用好耕地始终是维护粮食安全的基础性、全局性、战略性问题。第三次全国国土调查结果显示，截至 2019 年底，全国耕地面积 19.18 亿亩，人均耕地只有 1.36 亩，不足世界平均水平的 40%。人多地少，人均耕地少，耕地质量不高，耕地后备资源不足，这是我国基本国情，决定了我们必须把关系十几亿人吃饭大事的耕地保护好，绝不能有闪失。

我就是土地

14 我国耕地保护的目标要求是什么？

党的二十大报告明确要求，要全方位夯实粮食安全根基，全面落实粮食安全党政同责，牢牢守住18亿亩耕地红线。《全国国土空间规划纲要（2021—2035年)》明确，全国耕地保护任务目标为18.65亿亩，永久基本农田保护目标任务为15.46亿亩，并要求上述目标保持到2035年不变。

严守耕地保护红线　织密织牢耕地保护网

如何加强高标准农田建设？

　　建设高标准农田，是巩固和提高粮食生产能力、保障国家粮食安全的关键举措。要以提升粮食产能为首要目标，聚焦重点区域，坚持新增建设和改造提升并重、建设数量和建成质量并重、工程建设和建后管护并重，健全高标准农田建设多元化投入机制，提高建设标准和质量，完善农田排灌等田间基础设施，提高水土资源利用效率，切实增强农田防灾抗灾减灾能力。

❯ 相关知识　高标准农田

　　根据《高标准农田建设通则》定义，高标准农田是指田块平整、集中连片、设施完善、节水高效、农电配套、宜机作业、土壤肥沃、生态良好、抗灾能力强，与现代农业生产和经营方式相适应的旱涝保收、稳产高产的耕地。

在山东省聊城市东昌府区闫寺街道高标准农田建设现场，工作人员在安装节水喷灌设施

16 怎样加强黑土地保护？

针对黑土变薄、变瘦、变硬等问题，农业农村部等 7 部门印发《国家黑土地保护工程实施方案（2021—2025 年）》，着重实施土壤侵蚀治理、农田基础设施建设、肥沃耕作层培育等措施，加强黑土地保护。

北大荒农垦集团有限公司建三江分公司七星农场

各地积极开展工程与生物、农机与农艺、用地与养地相结合的综合治理模式。《中华人民共和国黑土地保护法》于 2022 年 8 月 1 日起施行，坚持保护优先、用养结合，促进黑土地在利用中保护、在保护中利用，对于强化黑土地保护、治理和修复，确保黑土地资源及其质量，保障国家粮食安全具有重要意义。

17 开展盐碱地综合利用对保障国家 粮食安全具有什么重要意义？

我国盐碱地面积大、类型多、分布广，部分地区耕地盐碱化趋势加剧。推进盐碱地综合利用，是拓展农业生产空间、保障国家粮食安全的重要抓手。因地制宜、科学有序治理好盐碱地，能够为粮食等重要农产品生产提供有力的土地资源支撑。推进盐碱地综合利用，是积极践行大食物观的重要举措，不仅可以向

海南文昌，耐盐水稻大田试验获丰收

026

盐碱地要粮，还可以利用盐碱荒（草）地发展饲草产业和现代畜牧业，为拓展多元食物渠道、发展特色高效农业提供重要支撑。

 第三次全国土壤普查的任务有哪些？

　　2022 年，国务院部署启动第三次全国土壤普查。普查对象为全国耕地、园地、林地、草地等农用地和部分未利用地的土壤。普查内容包括土壤性状普查、土壤类型普查、土壤立地条件普查、土壤利用情况普查、土壤数据库和土壤样品库构建、土壤质量状况分析、普查成果汇交汇总等。以完善土壤分类系统与校核补充土壤类型为基础，以土壤理化性状普查为重点，更新和完善全国土壤基础数据，构建土壤数据库和样品库，开展数据整理审核、分析和成果汇总。查清不同生态条件、不同利用类型土壤质量及其退化与障碍状况，摸清特色农产品产地土壤特征、耕地后备资源土壤质量、典型区域土壤环境和生物多样性等，全面查清农用地土壤质量家底。

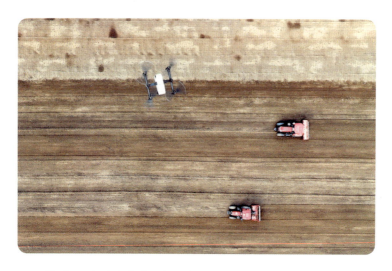

航测无人机在山东莱西市店埠镇左官屯村农田上空进行测量

 为什么说农业现代化关键是农业科技现代化？

　　农业现代化的本质就是依靠先进的科学技术提升土地产出率、资源利用率、劳动生产率。历史和现实都表明，科学技术是推动农业进步的最重要力量。正如我们耳熟能详的，袁隆平院士发明了杂交水稻育种技术并实现产业化，50 年来累计增产稻谷超 8000 亿公斤，为国家粮食安全作出了巨大贡献。当前，我国正处在从农业大国向农业强国跃升的关键阶段，面临土地资源不足、水资源约束、生态环境压力、气候变化影响以及劳动力老龄化等突出问题，比以往任何时候都更加需要重视和依靠农业科技创新。

袁隆平在广西灌阳县黄关镇联德村袁隆平超级稻第四期攻关示范片查看水稻生长情况

如何推进种业振兴？

　　坚持农业现代化，种子是基础，必须把种源安全提升到关系国家安全的战略高度，集中力量破难题、补短板、强优势、控风险，实现种业科技自立自强、种源自主可控。一是挖掘优异种质资源，夯实育种创新资源基础。二是推进种业创新攻关，加快培育一批高油高产大豆、短生育期油菜、耐盐碱作物等急需的突破性品种。三是做强国家种业阵型企业，健全精准扶持优势企业发展的政策，强化"一对一"帮扶机制。四是提升种业基地能力，深入推进南繁硅谷、甘肃玉米、四川水稻、黑龙江大豆、北京畜禽等育种制种基地建设。五是加强知识产权保护，严厉打击假冒伪劣、套牌侵权等违法行为，持续优化种业市场环境。

推进种业振兴

如何推进农业机械化高质量发展？

农业机械化是加快推进农业农村现代化的关键抓手和基础支撑。目前，全国农作物耕种收综合机械化率超过 73%，农业生产已进入机械化为主的阶段。推进农业机械化高质量发展，要锚定建设农业强国目标，围绕农业农村现代化对农业机械化的要求，加快

湖南汉寿县岩江湖镇武竺山村农民驾驶收割机进行水稻收割比拼

补齐农机装备短板弱项，加快高性能农机装备推广应用，持续提升作业质量，推动良机与良田、良种、良法、良制系统集成。布局培育区域农机服务中心，加强农机作业组织和作业队伍建设，增强农机社会化服务和农机防灾救灾能力，提高信息化指挥调度水平，为保障粮食和重要农产品稳定安全供给、加快农业农村现代化提供有力支撑。

 我国在保障成品粮市场平稳运行方面采取了哪些措施？

2023年，我国粮食总产量达到13908亿斤，人均粮食占有量达到493公斤，高于国际公认的400公斤粮食安全线，为成品粮市场平稳运行打下了坚实物质基础。与此同时，国家采取了一系列措施，进一步保障成品粮市场平稳运行、价格基本稳定。一是增强加工能力，到2023年底，全国共有粮食应急加工企业6800余家，一天的应急加工能力能够满足全国人口两天的消费。二是优化储备结构，36 个大中城市主城区及市场易波动地区成品粮储备保障天数达到 15 天以上。三是强化流通保障，全国应急储运企业、应急储运中心、应急供应网点众多，各地商场超市成品粮商业库存充足。四是加强市场监管，特别是在重要节假日、公共卫生事件、突发自然灾害等特殊时段开展市场巡查检查，严厉打击囤积居奇、串通涨价等违法违规行为，成品粮市场价格秩序井然。

 我国粮食主产区有哪些？国家对粮食主产区有哪些支持政策？

我国粮食主产区包括河北、内蒙古、辽宁、吉林、黑龙江、江苏、安徽、江西、山东、河南、湖北、湖南、四川 13 个省（区）。国家对粮食主产区支持政策包括对产粮大县给予奖励，实施耕地地力保护补贴、玉米大豆生产者补贴等政策，实施稻谷、小麦最低收购价政策，支持高标准农田建设，推广黑土地保护性耕作，深入实施种业振兴行动，支持开展粮食油料代耕代种等社会化服务，支持建设粮食油料产业园和产业集群，支持农业防灾减灾救灾和粮食作物重大病虫害防控防治，实施粮食种植保险保费补贴等政策。

24 什么是稻谷、小麦最低收购价政策？

2004 年和 2006 年起，国家先后在主产区对稻谷、小麦两个口粮品种实行最低收购价政策。每年，国家主要参考粮食生产成本，同时综合考虑市场供求、国内外市场价格和产业发展等因素，确定最低收购价，并在播种前向社会公布，引导农民种植。新粮上市后，农民按市场价格出售粮食，当市场价格低于最低收购价时，国家启动托市收购，农民可按最低收购价将粮食交售给国家。从多年来实施情况看，最低收购价政策体现了跨周期调节的理念，有效发挥了"托底"功能，稳定了种粮农民预期，调动了农民种粮积极性，对保障国家粮食安全特别是口粮绝对安全发挥了重要作用。

"最低收购价政策"是什么

 我国是如何为 14 亿多人做好粮食储备的？

　　粮食储备是保障国家粮食安全的重要物质基础，对于我们这样一个拥有 14 亿多人口的大国来说尤为重要。20 世纪 90 年代，我国就建立了包括中央储备和地方储备在内的政府粮食储备体系。其中，中央储备粮主要用于全国范围守底线、应大灾、稳预期，是国家粮食安全的"压舱石"；地方储备粮主要用于区域市场保应急、稳粮价、保供应，是区域粮食安全的第一道防线。近年来，政府粮食储备体系不断健全完善，在应急救灾、保供稳市、保障国家粮食安全等方面发挥了重要作用。

 如何理解农产品成本收益调查工作的重要意义？

农产品成本收益调查是政府价格主管部门为满足宏观经济调控和价格管理的需要，对农产品生产成本及相关指标进行调查，得到农产品社会平均生产成本的调查活动。该调查通过及时准确反映重要农产品的成本收益情况，为种粮农民收益保障体系提供重要支撑。例如，通过开展"农本调查＋农业保险"合作，以农产品成本调查数据为基础确定保险金额和保费金额，进行农业保险赔付测算，可以实现农业保险"精准滴灌"，大幅提升农业保险的政策效果。目前，相关合作已经在全国所有粮食主产县逐步落地，对于保护广大农民种粮积极性、保障国家粮食安全具有重要意义。

 如何理解减少粮食损耗是保障粮食安全的重要途径？

习近平总书记强调，减少粮食损耗是保障粮食安全的重要途径。据联合国粮农组织统计，全球粮食从收获到零售各环节的损失率达 14%，零售、餐饮和消费环节浪费率达 17%。我国各环节粮食损失浪费也较严重。减少粮食损耗是增加粮食有效供给的"无形良田"，是保障粮食安全的内在要求。

为了推进粮食节约减损，我国采取了一系列措施。一是夯实法律基础，颁布实施《中华人民共和国反食品浪费法》，实现我国反食品浪费由道德约束向法制治理的历史性转变；制定颁布《中华人民共和国粮食安全保障法》，就粮食节约设立专章，实现依法管粮、依法节粮。二是强化统筹协调，成立全国粮食节约和反食品浪费专项工作机制，各地建立健全工

作机制、公开机制、监督机制、激励机制和社会共
治机制。三是加强行业监管，研究制定促进餐饮业
高质量发展的政策文件，组织修订餐饮业经营管理
办法，严格平台企业和餐饮行业自律。四是完善标
准体系，建立健全符合节粮减损要求的粮食全产业
链标准，完善制止餐饮浪费国家标准体系，制修订
相关地方标准、团体标准。五是强化科技支撑，不
断强化粮食生产技术支持，推进储运减损关键技术
提质升级，持续提升粮食加工技术与装备研发水平，

吉林梨树县喇嘛甸镇农民将玉米装入科学储粮仓，减少粮食损耗

为节粮减损提供有力支撑。

 食品生产经营者应当如何防止食品浪费？

防止食品浪费，重点在于引导食品生产经营者提升原料转化效率，实现物尽其用。一是引导食品适度加工，加强全谷物食品营养健康特性宣传，鼓励企业开发和生产全谷物主食产品。二是提升加工转化率，在面粉加工行业应用轻度磨皮、高精度分筛等工艺；在植物油行业推广二氧化碳超临界萃取、低温压榨等工艺。三是推进食品加工副产物综合利用，加强原料中功能活性物质高效提取、生物转化及活性保持等技术应用，推动米糠、麸皮、胚芽、油料粕、薯渣薯液等副产物多元化利用。

29 如何让"光盘行动"更有效果？

　　"光盘行动"旨在让人们养成珍惜粮食、反对浪费的习惯，对"舌尖上的浪费"说不。要加强餐饮行业管理，完善餐饮行业反食品浪费制度，通过线上线下引导餐饮服务经营者主动提示消费者适量点餐，提供分餐、打包服务及"小份菜"等不同规格选择，严格反食品浪费监督执法。推进公共机构餐饮节约，建

重庆一家火锅餐厅开展"光盘行动"

立健全食堂用餐管理制度，因地制宜推广好经验好做法。加大宣传报道力度，大力弘扬厉行节约、反对浪费理念，深入开展"光盘打卡"活动，强化青少年教育。

篇三

确保能源资源安全

什么是能源安全新战略?

　　以习近平同志为核心的党中央高度重视能源安全，统揽国家安全和发展大局，洞察国内外能源发展大势，创造性地提出"四个革命、一个合作"能源安全新战略，即推动能源消费革命，抑制不合理能源消费；推动能源供给革命，建立多元供应体系；推动能源技术革命，带动产业升级；推动能源体制革命，打通能源发展快车道；全方位加强国际合作，实现开放条件下能源安全。能源安全新战略为我国新时代能源发展提供了根本遵循，擘画了中国能源改革发展的宏伟蓝图。

31 为什么说能源保障和安全是须臾不可忽视的"国之大者"?

能源是工业的粮食、国民经济的命脉，关系人类生存和发展，攸关国计民生和国家安全。随着我国经济总量不断扩大，各行各业发展对于能源安全稳定供应的要求越来越高，人民生活水平持续提高也带动夏季降温、冬季取暖等能源需求不断扩大。近年来，我国平均每天消费超过 230 亿度电、10 亿立方米天然气和 80 万吨汽柴油，供应一旦短缺，将会对经济运行和居民生活造成严重影响，须臾不可忽视。

32 如何理解建设能源强国与确保能源安全的关系?

习近平总书记在党的二十大报告中强调，深入推进能源革命，确保能源安全。近年来，能源战线坚定不移推进能源革命，能源强国建设进一步推进，安全保障能力进一步提升，有力支撑服务了经济社会持续健康发展。推动能源生产和消费革命，兜住重要能源国内生产自给的战略底线，有效保障国家能源安全，是能源强国建设的必然要求。

 如何理解我国"富煤贫油少气"的能源资源禀赋?

我国煤炭资源较为丰富，但石油和天然气资源相对不足。截至 2022 年，我国煤炭储量 2070.12 亿吨，占全球的 13% 左右；石油剩余探明技术可采储量 38.06 亿吨，仅占全球的 1.5% 左右；天然气剩余探明技术可采储量 65690.12 亿立方米，仅占全球的 4.5% 左右。立足我国能源资源禀赋，要围绕能源安全保供、绿色低碳转型等高质量发展要求，深入推进能源革命，加快规划建设新型能源体系，推进能源强国建设。

34 如何确保国内原油产量稳定在 2 亿吨水平？

　　油气安全稳定供应，是关系国家经济社会发展的全局性和战略性问题。2018 年以来，我国从投资落实、重点推动、科技创新、生态环保、协同保障等多个方面系统发力，组织实施大力提升油气勘探开发力

我国渤海亿吨级油气田——渤中 13–2 油气田

度"七年行动计划",明确油气增储上产各阶段目标任务,制定有关规划及实施方案,推动原油产量提升至 2023 年的 2.09 亿吨。下一步,要全力推进建设国家油气供给保障基地,加强深海油气勘探开发,加快非常规油气资源利用,推动油气勘探开发与新能源融合发展,确保国内原油产量长期稳定在 2 亿吨水平。

35 我国天然气产供储销体系建设未来有哪些工作?

未来一段时间,我国天然气需求仍将保持较快增长,需要持续推进天然气产供储销体系建设,建立与需求增长相适应的资源供应保障能力。一是加大勘探开发和增储上产力度,持续推进新气田建设投产,加快非常规、超深层及海域开发技术攻关。二是充分利用国外天然气资源,建立稳定多元的进口供应格局。三是进一步完善"全国一张网",着力推进管道重大工程建设,加快推进天然气管网互联互通。四是大力推进储气设施建设，建立多层次储气系统，不断提升调峰和应急保障能力。同时，要优化天然气使用方式，持续推动天然气市场化改革，在确保民生用气稳定供应的前提下，积极发挥市场对资源配置的决定性作用。

 非化石能源、可再生能源、绿电有什么区别？

非化石能源、可再生能源、绿电这三个概念既有联系又有区别。非化石能源指除原煤、原油、天然气等化石能源外的其他一次能源，如水能、核能、风能、太阳能、生物质能、地热能、海洋能等。可再生能源指自然环境为人类持续不断提供有用能量的能源资源，也即除核能外的非化石能源，如水能、风能、太阳能、生物质能、地热能、海洋能等。绿电即绿色电力，属于二次能源范畴，一般指可再生能源发电项目生产的电力。

西藏双湖县太阳能发电站

 如何推动新能源高质量发展？

　　积极发展清洁能源，推动经济社会绿色低碳转型，已经成为国际社会应对气候变化的普遍共识。党的十八大以来，我国新型能源体系加快构建，能源保障基础不断夯实，为经济社会发展提供了有力支撑。我国风电、光伏等资源丰富，发展新能源潜力巨大。要统筹好新能源发展和国家能源安全，处理好新能源与传统能源、全局与局部、政府与市场、能源开发和节约利用等关系。要聚焦能源关键领域和重大需求，合理选择技术路线，加强关键核心技术联合攻关，强化科研成果转化运用。要适应能源转型需要，进一步建设好新能源基础设施网络，提高电网对清洁能源的接纳、配置和调控能力。要深化新能源科技创新国际合作，深度参与全球能源治理变革。

 如何构建新型电力系统？

电力系统是现代社会中不可或缺的基础设施之一，其稳定运转对于国民经济运行和人民生活至关重要，必须坚持系统思维，源网荷储协同发力，构建"清洁低碳、安全充裕、经济高效、供需协同、灵活智能"的新型电力系统，建立多元综合保障体系。一是在源侧，坚持先立后破，积极推动常规支撑性电源建设，稳定一次燃料供应，在筑牢保供基础前提下，稳步提升新能源可靠替代能力，构建多元化的电力生产格局。二是在网侧，加强各级电网协调发展高效衔接，推动跨省跨区输电通道建设，构建分层分区、清晰合理的主干网架结构，推动大电网与分布式电网兼容并举，提升电网安全稳定水平和可靠性水平。三是在荷侧，科学做好负荷管理，利用市场化方式引导电力用户在用电高峰期主动错避峰，加强安全风险管控，加快推进电动汽车参与车网互动等灵活柔性负荷发展，推广应用虚拟电厂等需求响应新模式。四是在储侧，推动各类调节资源科学合理规划建设和安全高

"西电东送"大动脉——特高压白浙线安徽段长江大跨越线路贯通

效利用，完善储能价格市场化形成机制。同时，要强化电力监测预警，滚动开展电力规划实施情况和电力供需形势的分析预测，做好应对措施和应急预案。

 如何保障迎峰度夏、迎峰度冬电力稳定供应？

近年来，我国用电需求快速增长，迎峰度夏、迎峰度冬用电负荷屡创新高，叠加极端天气频繁、新能源发电随机性间歇性波动性等因素，电力安全保供面临新的挑战。必须加强统筹协调，从供需两侧协同发力，更好应对高峰用电需求，保障经济社会发展和民生用电。供应侧，重点是大力推进发电装机能力建设，确保重点电源电网项目及时投产；加强一次燃料供应保障，强化发电机组运行管控，督促各类电源应发尽发；充分发挥大电网平台优势，加强跨省跨区电力调配和余缺互济。需求侧，重点是加强电力需求侧管理，坚持节约用电，完善市场化需求响应机制，引导用户优化用电方式，确保民生及重点用电不受影响。

 什么是电力需求侧管理?

　　电力需求侧管理，是指加强全社会用电管理，综合采取合理可行的技术、经济和管理措施，优化配置电力资源，在用电环节实施节约用电、需求响应、绿色用电、电能替代、智能用电、有序用电，推动电力系统安全降碳、提效降耗。深化电力需求侧管理，充分挖掘需求侧资源，对推动源网荷储协同互动，保障电力安全稳定运行，助力新型电力系统和新型能源体系建设具有重要意义。我国 20 世纪 90 年代开始引入电力需求侧管理，在实践中不断完善，分别于 2010 年、2017 年、2023 年发布了 3 版电力需求侧管理办法，对保障电力系统安全经济高效运行，推动节能减排和电力经济绿色发展发挥了积极作用。

为什么说矿产资源是经济社会发展的重要物质基础？

　　矿产资源是大自然给予人类的珍贵馈赠，也是人类社会得以全方位不断发展的重要物质基石。当今人类利用的自然资源中，70%是矿产资源。我国90%左右的一次能源、80%以上的工业原材料、70%以上的农业生产资料取自矿产资源。现代社会人们的生产和生活都离不开矿产资源，比如一个小小的手机中，就包含了70多种元素和化合物。

> **延伸阅读**　**战略性矿产目录清单**
>
> 　　近年来，全球地缘政治局势动荡加剧，矿产资源对保障经济发展和国家安全的重要性愈发凸显，已成为大国博弈的重要领域。美国、欧盟、日本、澳大利亚、加拿大、俄罗斯等国家和地区纷纷发布并更新战略性（危机、关键、重要）矿产（原材料）目录，围绕勘查、采矿、选矿、冶炼、加工、进出

口等环节以及项目审批、资金投入、税收减免等方面出台相应的战略举措和政策文件。我国在 2016 年首次制定并发布战略性矿产目录，定义为保障国家经济安全、国防安全和战略性新兴产业发展需求的矿产。战略性矿产目录已成为我国资源决策、宏观管理、产业政策和规划制定的重要依据。

国外主要国家和地区战略性矿产目录清单主要分为三类。第一类为俄罗斯，其清单既涵盖危机矿产，也涵盖优势矿产，其目的是将战略性矿产作为宏观调控、管理和国际制衡的手段。从矿种上看，其清单涵盖能源、金属和非金属矿产共 61 种（2022年）。第二类为美国、欧盟和日本，其清单主要体现关键性、危机性和紧缺性，旨在围绕关键矿产，从加强勘查、刺激国内生产、回收、循环利用和国际合作等全链条角度制定系统战略，确保本国资源供应。其清单不含石油、天然气等能源矿产，其中美国 50 种（2022 年）、欧盟 34 种（2023 年）、日本 35种（2023 年）。第三类为澳大利亚和加拿大，其清单制定主要体现本国优势矿产，旨在推动本国矿业投资和开发，并强化对盟友的支持。其清单不含石油、天然气和煤炭等能源矿产，其中澳大利亚 26 种（2022年）、加拿大 31 种（2021 年）。另外，美国、俄罗斯还将目录中的铂族金属和稀土金属细化到具体元素。

42 我国矿产资源安全面临哪些风险挑战？

　　我国是全球制造业第一大国，制造业增加值占全球比重约 30%，也是矿产资源第一大消费国，矿产资源安全保障仍存在不少短板弱项。一是找矿勘查投入相对不足，2012—2020 年，我国非油气矿产勘查投入持续下降。二是勘查开发科技能力较弱，原创性找矿理论和认识不多，重大找矿勘查关键核心技术、装备研发短板明显，矿产资源采选技术自主创新能力还不强。三是再生资源回收利用有待加强，循环体系尚不完善，二次资源消费占比明显偏低，新能源汽车动力电池、集成电路电子元器件回收产业尚需发展。四是部分矿种外采率居高不下，进口集中度和进口成本持续高企。

43 近年来，我国矿产资源勘探开发有哪些重要突破？

为进一步增强战略性矿产资源保障能力，我国实施了新一轮找矿突破战略行动。2022年我国油气矿产勘查投入达到824亿元，比上年增长3.1%，创历史新高；非油气矿产勘查投入达近百亿元，增长15.6%。地质找矿成效显著，油气企业在塔里木、鄂尔多斯、四川、渤海湾等盆地，新发现8个亿吨级油田和11个千亿方级气田；各地新发现157处大中型矿产地，圈定找矿远景区112个，提交可供商业勘查找矿靶区102个，山东金矿、江西钨矿和锂矿、贵州锰矿、甘肃晶质石墨矿、新疆铁矿、四川和内蒙古锂矿、河南煤层气等取得找矿重大进展。

> **延伸阅读** 修订矿产资源法

　　2023 年 12 月，全国人大常委会法制工作委员会就《中华人民共和国矿产资源法（修订草案）》（征求意见稿）公开征求意见。现行矿产资源法于 1986 年颁布实施，并于 1996 年、2009 年作了部分修改。国务院先后制定发布一系列行政法规，共同构建了我国矿产资源管理的法律法规体系。随着社会主义市场经济体制的不断完善和生态文明建设的深入推进，矿产资源管理面临新的形势。近年来，党中央、国务院对矿产资源管理改革作出了一系列部署，各地通过实践创造了许多经验，也提出了一些问题和建议，有必要根据矿产资源管理改革要求和实践需要，对矿产资源法进行全面修订。

44　循环经济对于保障能源资源安全有什么重要意义？

　　循环经济是一种以资源的高效利用和循环利用

为核心，以"减量化、再利用、资源化"为原则，以低消耗、低排放、高效率为基本特征，符合可持续发展理念的经济增长模式。通过"减量化"，能够以更少的资源投入，获得更多高附加值、更可持续的产品。通过"再利用"和"资源化"，能够对废钢铁、废有色金属等再生资源进行有效回收利用。据统计，2022 年我国废钢、废纸、废塑料回收利用量分别达到 2.6 亿吨、6585 万吨、1800 万吨，为生产钢铁、纸浆、塑料制品提供原料占比分别约为 20%、69%、17%。再生资源已成为工业生产的重要原材料，循环经济对国家资源安全支撑保障的作用进一步增强。

45　如何开发利用好"城市矿产"？

"城市矿产"是指在工业化和城镇化过程中产生的，蕴藏在各类废弃物中，可以循环利用的钢铁、有色金属、塑料、橡胶等资源。开发利用"城市矿产"，可以减少原生资源开采，具有显著的资源环境效益，需要政府、企业和社会各方面共同努力。政府要加大政策支持力度，合理规划布局"城市矿产"开发利用基地，做好项目用地用能资金等要素保障；加强行业监管，依法打击非法拆解处理报废汽车、废弃电器电子产品等行为，改善再生资源回收加工利用行业环境，推动行业健康发展。行业企业要积极开展废弃物循环利用体系项目建设，加强科技创新，推广应用再

第十一届中国"城市矿产"博览会现场

生资源产品。社会公众要形成简约适度、绿色低碳的生活方式，积极参与生活垃圾分类，支持废旧产品回收和再利用。

篇四

维护产业链供应链安全稳定

如何理解产业政策要发展和安全并举？

　　产业政策是统筹发展和安全的重要结合点，是推动产业发展和经济增长的重要手段。2022 年中央经济工作会议提出产业政策要发展和安全并举，这是党中央审时度势作出的重要产业发展战略部署，是有效应对复杂多变的国内国际环境、实现产业良性发展的现实要求。产业政策要坚持发展和安全并举，既要通过提高全要素生产率保持适度增长速度，转变产业发展模式，提高产业发展质量；也要通过推动关键核心技术攻关、提升战略性资源供应保障能力等方式维护产业安全，以产业发展促安全、以产业安全保发展。

如何理解新质生产力？

高质量发展需要新的生产力理论来指导，而新质生产力已经在实践中形成并展示出对高质量发展的强劲推动力、支撑力，需要我们从理论上进行总结、概括，用以指导新的发展实践。概括地说，新质生产力是创新起主导作用，摆脱传统经济增长方式、生产力发展路径，具有高科技、高效能、高质量特征，符合新发展理念的先进生产力质态。它由技术革命性突破、生产要素创新性配置、产业深度转型升级而催生，以劳动者、劳动资料、劳动对象及其优化组合的跃升为基本内涵，以全要素生产率大幅提升为核心标志，特点是创新，关键在质优，本质是先进生产力。发展新质生产力不是忽视、放弃传统产业，要防止一哄而上、泡沫化，也不要搞一种模式。要坚持从实际出发，先立后破、因地制宜、分类指导，有选择地推动新产业、新模式、新动能发展，用新技术改造提升传统产业，积极促进产业高端化、智能化、绿色化。

 为什么说科技自立自强是我国现代化建设的战略支撑？

　　实现中华民族伟大复兴的目标，必须坚持科技是第一生产力、人才是第一资源、创新是第一动力，把科技自立自强作为我国现代化建设的基础性、战略性支撑。纵观人类发展史，创新始终是一个国家、一个民族发展的不竭动力和生产力提升的关键要素，谁牵住了科技创新这个"牛鼻子"，谁走好了科技创新这步"先手棋"，谁就能占领先机、赢得优势。有效应对前进道路上的重大挑战、抵御重大风险，维护国家安全和战略利益，必须紧紧抓住科技自立自强这个国家强盛之基、安全之要，不断提升我国发展的独立性、自主性、安全性，增强抗压能力、应变能力、对冲能力和反制能力。实现高水平科技自立自强是贯彻新发展理念、构建新发展格局、推动高质量发展的本质要求，只有实现高水平科技自立自强，才能为构建新发展格局、推动高质量发展提供新的成长空间、关键着力点和重要支撑体系，使践行新发展理念的高质量发展更多依靠创新驱动的内涵型增长。

2023年度国内十大科技新闻

 我国科技竞争力在世界上处于什么水平？

　　党的十八大以来，以习近平同志为核心的党中央高度重视科技创新，我国科技事业发生了历史性、整体性、格局性变化，在推动高质量发展和全面建成小康社会中发挥了重要的支撑引领作用，我国已进入创新型国家行列。2023 年，我国全社会研发经费达到 3.33 万亿元，居世界第二位，研发强度提升至

2.64%，研发人员全时当量稳居世界首位。根据世界知识产权组织发布的《2023 年全球创新指数》，我国全球排名第 12 位，是全球创新指数前 30 名中唯一的中等收入经济体，拥有 24 个全球百强科技创新集群，数量首次跃居世界第一，在世界五大科技集群中独占 3 席（深圳—香港—广州、北京、上海—苏州）。

创新驱动　加快建设科技强国

 如何加快推动高水平科技自立自强？

加快推动高水平科技自立自强，要从"六个必须坚持"着手。一是必须坚持党中央对科技工作的集中统一领导，强化战略谋划和总体布局，加速聚集创新要素、优化配置创新资源、激发创新活力，实现创新驱动系统能力整合，增强科技创新活动的组织力、战斗力。二是必须坚持"四个面向"的战略方向，面向世界科技前沿、面向经济主战场、面向国家重大需求、面向人民生命健康，不断向科学技术广度和深度进军。三是必须坚持建设战略科技力量，加快建设国家实验室，提升高水平研究型大学、国家科研机构、科技领军企业的创新能力，使各支力量各就其位、统筹联动，以重点突破带动系统能力提升。四是必须坚持科技创新与体制机制创新"双轮驱动"，着力破解深层次体制机制障碍，营造良好政策环境，深化科技评价改革，加大多元化科技投入，加强知识产权法治保障，形成支持全面创新的基础制度。五是必须坚持创新驱动实质是人才驱动，充分发挥人才的第一资源作用，改革科技人才发现、培养、使用、引进、激励等机制，构建具有全球吸引力和竞争力的人才制度环境。六是必须坚持以全球视野谋划和推动创新，积极主动融入全球创新体系，用好全球创新资源，实施更加开放包容、互惠共享的国际科技合作战略，为解决全球科技难题与挑战贡献中国力量。

❯ 相关知识　习近平同志《论科技自立自强》

　　2023 年，习近平同志《论科技自立自强》由中央文献出版社出版发行。这部专题文集，收入习近平同志关于科技自立自强的重要文稿 50 篇，其中部分文稿是首次公开发表。习近平同志围绕推进科技自立自强发表的一系列重要论述，立足党和国家发展战略全局，把握世界大势和时代潮流，深刻阐明了科技创新在人类社会进步中的重要地位，系统阐述了推进我国科技创新的战略目标、重点任务、重大举措和基本要求，提出了一系列新思想新观点新论断新要求，对于我们深入实施科教兴国战略、人才强国战略、创新驱动发展战略，完善国家创新体系，加快建设科技强国，加快实现高水平科技自立自强，加快构建新发展格局，着力推动高质量发展，全面建成社会主义现代化强国，以中国式现代化全面推进中华民族伟大复兴，具有十分重要的指导意义。

51 怎样突出企业科技创新主体地位?

党的二十大强调:"强化企业科技创新主体地位,发挥科技型骨干企业引领支撑作用,营造有利于科技型中小微企业成长的良好环境,推动创新链产业链资金链人才链深度融合。"企业从"技术创新主体"转变为"科技创新主体",在国家创新体系中的地位、角色、使命、任务发生很大变化,不仅是解决技术问题和应用技术成果的主体,而且要从源头开始全过程参与科技创新,从基础研究、应用基础研究到技术创新、成果转化等各个环节都发挥主体作用。

2022 年,企业研发投入占全社会研发投入已超过 3/4,全国技术合同成交额达 4.8 万亿元,企业贡献了超过 80% 的技术吸纳,企业已经成为科技创新活动的重要力量。要进一步加大对国有、民营、大中小微等各类企业成为科技创新主体的支持,着力从权利、机会和规则三个方面为企业营造平等良好的成长环境，推动企业深度参与科技创新活动，主动依靠科技来提升企业的发展质量、发展水平和竞争力。

科技创新，企业何为？

 为什么说关键核心技术是国之重器？

关键核心技术是增强科技创新引领作用的重要抓手，是实现高水平科技自立自强的保证。习近平总书记多次强调："关键核心技术是要不来、买不来、讨不来的。只有把关键核心技术掌握在自己手中，才能从根本上保障国家经济安全、国防安全和其他安全。"只有加快突破关键核心技术，才能不断提升我国发展的独立性、自主性、安全性，努力实现关键核心技术自主可控，把创新主动权、发展主动权牢牢掌握在自己手中。

超大直径盾构机"定海号"在铁建重工长沙第一产业园下线

 如何健全和发挥关键核心技术
攻关新型举国体制的作用？

　　社会主义市场经济条件下关键核心技术攻关新型举国体制是面向国家重大需求，充分发挥我国制度优势，综合运用各种手段，尊重科学规律、经济规律、市场规律，通过政府力量和市场力量协同发力，凝聚和集成国家战略科技力量、社会资源共同攻克重大科技难题的组织模式和运行机制。

健全关键核心技术攻关新型举国体制，要加强党中央集中统一领导，建立权威的决策指挥体系。要加强战略谋划和系统布局，坚持国家战略目标导向，明确主攻方向和核心技术突破口，重点研发关键技术和基础前沿技术。要构建协同攻关的组织运行机制，高效配置科技力量和创新资源，形成关键核心技术攻关强大合力。要推动有效市场和有为政府更好结合，强化企业技术创新主体地位，营造良好创新生态，激发创新主体活力。

54　如何加快提升产业科技创新能力？

加快提升产业科技创新能力，既要坚持全面系统的观点，又要抓住关键，以科技创新推动产业创新，以重要领域和关键环节的突破带动全局。系统布局重点领域关键核心技术攻关，一体化推进技术攻关、迭代应用、生态培育。建设高水平产业科技创新平台体系，打造世界领先的科技园区和产业科技创新高地。强化企业科技创新主体地位，着力构建企业为主体、产学研用高效协同深度融合的创新体系，推动大中小企业融通创新。加强产业科技创新服务支撑，实施新产业标准化领航工程，推动科技服务业高质量发展。

55 为什么说制造业是立国之本、强国之基？

　　制造业是实体经济的主体，制造业高质量发展是我国经济高质量发展的重中之重。制造业价值链长、关联性强、带动力大，是推动经济增长、促进技术进步、保障物质产品供给、实现绿色发展、创造高质量就业、带动产业升级的关键力量。纵观世界近现代历史，制造业的持续发展和转型升级，是主要发达国家现代化的共同经验。经过多年发展，我国已形成规模大、体系全、竞争力较强的制造业体系。制造业增加值占全球比重保持在 30% 左右，2010 年开始连续 14 年居世界首位。拥有 41 个工业大类、207 个工业中类、666 个工业小类，是全世界唯一拥有联合国产业分类中全部工业门类的国家。500 种主要工业产品中有超过四成产品产量居全球第一。在高铁、船舶、电力装备、工程机械、通信设备等领域已经形成特色优势，部分领域已接近或达到世界先进水平。我国是靠实体经济起家的，也要靠实体经济走向未来。要坚持把发展经济的着力点放在实体经济上，大力推动制造业高质量发展，筑牢全面建成社会主义现代化强国的物质技术基础。

大国重器纪录片（第二季）

56 增强制造业核心竞争力
有哪些重点领域？

　　增强制造业核心竞争力，要重点在高端新材料、重大技术装备、智能制造与机器人、航空发动机及燃气轮机、北斗产业化应用、新能源汽车和智能(网联)汽车、高端医疗装备和生物制药、农业机械装备、工业软件等领域，加大关键核心技术攻关力度，加快产

　　我国在西昌卫星发射中心用长征三号乙运载火箭与远征一号上面级，成功发射第 57、58 颗北斗导航卫星

业化进程和推广应用、迭代升级，培育一批具有生态主导力和核心竞争力的龙头企业，确保产业链供应链安全稳定。

如何认识新型工业化的丰富内涵？

实现新型工业化是新时代新征程以中国式现代化全面推进强国建设、民族复兴伟业的关键任务。新型工业化是新发展理念在工业领域的生动实践，是产业链供应链自主可控、安全可靠的工业化，是积极主动适应和引领新一轮科技革命和产业变革的工业化。要以科技自立自强为支撑，以建设制造强国为战略重点，以满足人民美好生活需要为根本目的，以推进高水平对外开放为重要路径，加快推进新型工业化，加

"全面推进中国式现代化建设"经济形势系列报告会第二场报告会在京举行

快建设以先进制造业为骨干的现代化产业体系，为中国式现代化构筑强大物质技术基础。

 如何引导产业合理布局？

产业布局决定了一个国家生产要素配置的空间维度，对激发要素潜力、提高要素配置效率具有重要作用。引导产业合理布局，要充分发挥市场在资源配置中的决定性作用，更好发挥政府作用。一方面，根据不同地区资源禀赋、市场需求和产业特色，因地制宜引导产业布局，实现资源优化配置和区域经济协调发展。另一方面，通过进一步夯实全国统一大市场建设各项举措，优化政策支持方式，引导企业积极主动参与区域生产力布局。

什么是产业结构调整指导目录？

　　根据《国务院关于发布实施〈促进产业结构调整暂行规定〉的决定》，《产业结构调整指导目录》是引导社会投资方向、政府管理投资项目，制定实施财税、信贷、土地、进出口等政策的重要依据。《产业结构调整指导目录》由鼓励、限制和淘汰三类目录组成，上述三类之外且符合国家有关法律法规和政策规定的为允许类，不列入目录。2005 年，国家发展改革委会同有关部门制订发布《产业结构调整指导目录（2005 年本）》，2011 年、2013 年和 2019 年分别进行了修订或修正，最新发布的版本是《产业结构调整指导目录（2024 年本）》，自 2024 年 2 月 1 日起正式施行。《产业结构调整指导目录》作为一项基础性、综合性产业政策，涉及行业多、涵盖领域广，自制订发布以来，在加强和改善宏观调控、引导社会资源流向、促进产业结构调整和优化升级等方面发挥了重要作用。

如何加快推进制造业
数字化转型？

　　加快制造业数字化转型是顺应新工业革命趋势、提升工业现代化水平、建设现代化产业体系的必然要求。根据全国新型工业化推进大会部署，要瞄准高端化、智能化、绿色化方向，以推进信息化与新型工业化深度融合为主线，以智能制造为主攻方向，以工业互联网为关键底座，以数据资源为关键要素，以人工智能为关键变量，制定制造业数字化转型相关政策，推动 5G、千兆光网、工业互联网数字基础设施建设，加快云计算、区块链、人工智能等数字技术产业发展，健全制造业数字化转型服务体系，培育重点行业数字化转型典型场景解决方案及服务商，推动工业大数据分类分级开发利用，加快关键标准研制推广，以数字化转型加快推进新型工业化。

61 加快构建现代物流体系有哪些主要举措？

　　加快构建现代物流体系主要有四个方面举措。一是加快建设"四横五纵、两沿十廊"物流大通道，为构建新发展格局奠定坚实基础。二是发挥现代物流先导性作用，创造适宜产业发展的低成本、高效率物流条件，支撑构建陆海内外联动、东西双向互济的开放格局。三是提升物流企业竞争力，提高物流服务质量效率，推动现代物流实现由大到强转变。四是创新思路培育发展枢纽经济、通道经济，促进现代物流与区域经济互促发展、良性互动。

 相关知识　《"十四五"现代物流发展规划》

　　2022年5月，国务院办公厅印发《"十四五"现代物流发展规划》，这是我国现代物流领域第一份国家级五年规划，对于加快构建现代物流体系、促进经济高质量发展具有重要意义。"四横五纵"是指串接东中西部、连接南北方的9条国内物流大通道，"两沿十廊"是指沿海、沿边物流走廊以及10条国际物流通道。

篇五

统筹开放和安全

如何看待吸引和利用外资的重要性？

利用外资是我国对外开放和建设更高水平开放型经济新体制的重要内容。外资企业是加快构建新发展格局的重要支撑，也是建设现代化产业体系的重要力量。2023 年，我国实际利用外资金额 11339.1 亿元人民币，处于历史高位；新设立外商投资企业 53766 家，比上年增长 39.7%。我们要推进高水平对外开放，依

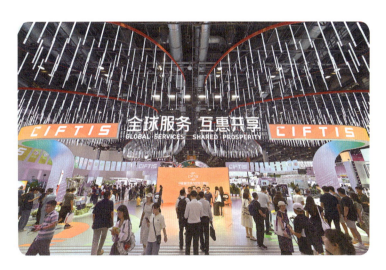

2023 年服贸会国家会议中心综合展区

托我国超大规模市场优势，以国内大循环吸引全球资源要素，既要把优质存量外资留下来，还要把更多高质量外资吸引进来，提升贸易投资合作质量和水平。

 如何理解建设更高水平开放型经济新体制的重要意义？

　　建设更高水平开放型经济新体制，是新时代加快完善社会主义市场经济体制的重要内容，是转变发展方式，推动经济发展质量变革、效率变革、动力变革的现实需要，是主动构建新发展格局、妥善应对百年变局的迫切要求。更高水平开放型经济新体制将有利于促进各类所有制企业更加充分有效公平竞争，商品、服务、要素更加自由有序流动，市场化、法治化、国际化营商环境持续改善，投资、贸易、金融、创新等领域与国际规则更全面更深入更高水平对接，开放安全保障体系不断健全，风险防控和开放监管能力进一步提升，国内国际双循环更加高效畅通。

> **❯ 延伸阅读**　**扩大高水平对外开放**

　　开放是当代中国的鲜明标识。以开放促改革、促发展是我国现代化建设不断取得新成就的重要法宝。特别是党的十八大以来，中国实行更加积极主动的开放战略，构建面向全球的高标准自由贸易区网络，加快推进自由贸易试验区、海南自由贸易港建设，共建"一带一路"成为深受欢迎的国际公共产品和国际合作平台。我国成为140多个国家和地区的主要贸易伙伴，货物贸易总额居世界第一，吸引外资和对外投资居世界前列，形成更大范围、更宽领域、更深层次对外开放格局。开放带来进步，封闭必然落后。中国经济发展成就是在开放条件下取得的，未来经济高质量发展也必须在更加开放的条件下进行。中国开放的大门不会关闭，只会越开越大。

怎样建设更高水平开放型经济新体制？

建设更高水平开放型经济新体制，要围绕服务构建新发展格局，统筹好开放与发展、开放与改革、开放与创新、开放与安全的关系，以制度型开放为重点，聚焦投资、贸易、金融、创新等对外交流合作的重点领域深化体制机制改革，完善配套政策措施，积极主动把我国对外开放提高到新水平。一是推动更大范围、更宽领域、更深层次对外开放，扩大市场准入，全面优化营商环境，完善服务保障体系，充分发挥我国综合优势，以国内大循环吸引全球资源要素，提升贸易投资合作质量和水平。二是健全国家安全保障体制机制，提升开放监管能力和水平。三是把建设更高水平开放型经济新体制同高质量共建"一带一路"紧密衔接起来，积极参与全球治理体系改革和建设。

如何加大吸引外资力度?

　　加大吸引外资力度，可以从五个方面着手。一是拓展对外开放广度和深度，合理缩减外资准入负面清单，扩大鼓励外商投资产业目录范围，深入实施合格境外有限合伙人试点。二是优化内外资公平竞争环境，清理与外商投资法不符的政策法规，保障外资企业合法权益。三是加大外商投资服务和保障，建立外资企业常态化沟通交流机制，优化外籍人员入出境和停居留管理，开辟绿色通道推进重大和重点外资项目。四是打造"投资中国"品牌，加大外商投资促进力度。五是发挥开放平台主阵地作用，推动开发区加大引资力度，深入实施自贸试验区提升战略，赋予自贸试验区和海南自由贸易港等更多自主权。

> ● **相关知识**　《中华人民共和国外商投资法》

2019 年 3 月 15 日，十三届全国人大二次会议审议通过《中华人民共和国外商投资法》，自 2020 年 1 月 1 日起施行。该法的制定和实施，彰显了我们党坚持对外开放基本国策、将改革开放进行到底的政治勇气和历史担当，对我国构建开放型经济新体制、推动新一轮高水平对外开放产生深远影响。

66 如何理解缩减外资准入负面清单的重要作用？

外商投资准入特别管理措施（负面清单）是我国推动高水平开放的重要政策，是对外商投资实行准入前国民待遇加负面清单管理制度的基本依据。通过缩减外商投资准入负面清单，我国对外开放水平大幅提高，对稳定外资提供了有力支撑。2017—2021 年，我国连续 5 年缩减全国版外商投资准入负面清单，限制性措施减至 31 条，在汽车、金融等行业领域推出一批重大开放举措，以高水平开放促进经济高质量发展。同时，我国连续 5 年缩减自贸试验区版外商投资准入负面清单，限制性措施缩减至 27 条，进行扩大开放压力测试，为全国探索经验。2020 年，国家首次制定海南自由贸易港外资准入负面清单，推进更高水平的对外开放。

 对外贸易新业态有哪些内容？

　　对外贸易新业态主要包括跨境电商、海外仓、市场采购贸易方式、外贸综合服务企业、离岸贸易和保税维修等，是我国外贸发展的有生力量，也是国际贸易发展的重要趋势。2023 年，我国外贸新业态进出口规模已超 3 万亿元。发展对外贸易新业态要坚持鼓励创新、包容审慎、开放合作的原则，通过外贸领域制度创新、管理创新、服务创新、业态创新和模式创新，不断拓展外贸发展空间，提升外贸运行效率，保障产业链供应链畅通运转，推动外贸高质量发展。

年进口额超5000亿元　中国跨境电商成全
球贸易"新势力"

 **我国知识产权国际合作
有哪些进展？**

近年来，我国深度参与全球知识产权治理，深化
与共建"一带一路"国家和地区知识产权合作。目前
已加入专利合作条约、商标国际注册马德里协定有关
议定书、工业品外观设计国际注册海牙协定等主要知
识产权国际条约，与30多个国家和地区开通专利审
查高速路（PPH），与欧盟、法国等开展地理标志合
作，我国有效发明专利实现在柬埔寨直接登记生效，
我国发明专利审查结果获老挝认可，建设海外知识产
权纠纷应对指导中心体系，为中国企业"走出去"提
供了有力支撑。

延伸阅读　中国与世界知识产权组织

2023年是中国与世界知识产权组织合作50周年。50年来，中国高度重视知识产权保护，深入实施知识产权强国建设，始终坚定维护国际知识产权多边体系，与世界知识产权组织合作不断拓展深化，取得丰硕成果。如今，中国申请人提交的PCT国际专利申请量连续4年居世界第一；中国加入工业品外观设计国际注册海牙协定的第一年，外观设计国际申请量就达到世界第二；马德里商标国际注册申请量连续多年居世界第三。中国的知识产权国际影响力大幅提升，已成为世界知识产权组织专利、商标、外观设计三大国际注册体系的重要用户。

69　如何规范知识产权对外转让行为？

《知识产权对外转让有关工作办法（试行）》规定，对技术出口、外国投资者并购境内企业等活动中涉及国家安全的知识产权对外转让行为进行审查。审查范围包括专利权、集成电路布图设计专有权、计算机软件著作权、植物新品种权等知识产权及其申请权。转让行为包括权利人的变更、知识产权实际控制人的变更和知识产权的独占实施许可等三种主要情形。审查内容主要是知识产权对外转让对我国国家安全和重要领域核心关键技术创新发展能力的影响。

70 什么是出口管制？

出口管制是指对两用物项、军品、核以及其他与维护国家安全和利益、履行防扩散等国际义务相关的货物、技术、服务等物项出口，采取禁止或者限制性措施，是国际上通行的做法。中国作为负责任大国，立足本国国情，借鉴国外有益经验，不断健全出口管制法律制度，颁布实施《中华人民共和国出口管制法》，完善出口管制管理体制，以制度为基础，以技术为支撑，优化许可管理，提升执法能力，强化合规建设，积极开展出口管制国际交流与合作，逐步实现全覆盖、全链条、全方位的有效监管，构建设计科学、运转有序、执行有力的现代化出口管制体系。

我国对技术进出口如何进行管理？

按照《中华人民共和国对外贸易法》和《中华人民共和国技术进出口管理条例》，我国将进出口的技术分为禁止、限制和自由三类进行管理。《中国禁止进口限制进口技术目录》和《中国禁止出口限制出口技术目录》所列禁止类技术不可进出口，限制类技术由省级商务主管部门进行许可审批管理。目录以外技术属于自由进出口技术，由省级或其授权的下一级商务主管部门进行备案登记管理。

相关知识 《中国禁止出口限制出口技术目录》

2023 年 12 月 21 日，商务部会同科技部修订发布《中国禁止出口限制出口技术目录》，以规范技术出口管理，维护技术出口秩序，促进对外经济技术合作，维护国家经济技术权益。此次修订是适应技术发展形势变化、根据技术贸易管理工作需要，依法进行的例行调整，技术条目由 164 项压缩至 134 项，共删除 34 项技术条目，新增 4 项，修改 37 项。

72 我国的货物进出口许可证制度主要内容有哪些？

我国的货物进出口许可证制度以《对外贸易法》《行政许可法》《货物进出口管理条例》《消耗臭氧层物质管理条例》《进出口税则》等法律、行政法规为上位法，主要用来调整相关各方在货物进出口活动中的法律关系和权利义务。在货物进出口许可证制度框架下，出台了《货物自动进口许可管理办法》《货物进口许可证管理办法》《机电产品进口管理办法》《重点旧机电产品进口管理办法》《机电产品自动进口许可实施办法》《货物出口许可证管理办法》《出口商品配额管理办法》《出口商品配额招标办法》等部门规章。

73 如何看待扩大开放与出口管制？

中国作为联合国安理会常任理事国、世界货物贸易和制造业第一大国，始终本着维护国家安全、维护世界和平与地区安全的原则，不断完善出口管制制度。多年来，中国的出口管制制度坚持统筹发展和安全、统筹开放和安全，着眼于建设更高水平开放型经济新体制和更高水平的平安中国，不断增强开放监管能力、风险防控能力，在高水平对外开放中有效防范重大风险，保障和促进高水平对外开放。站在新的历史起点，中国扩大高水平开放的决心不会变，同世界分享发展机遇的决心不会变，推动经济全球化朝着更加开放、包容、普惠、平衡、共赢方向发展的决心不会变。中国将实施更大范围、更宽领域、更深层次的对外开放，构建与更高水平开放相匹配的监管和风险防控体系，加快完善现代化出口管制体系，促进出口管制物项合规贸易，为建设开放型世界经济贡献积极力量。

 《阻断外国法律与措施不当域外适用办法》的主要内容有哪些？

为阻断外国法律与措施不当域外适用对中国的影响，维护国家主权、安全、发展利益，保护中国公民、法人或者其他组织的合法权益，经国务院批准，商务部于 2021 年 1 月 9 日公布《阻断外国法律与措施不当域外适用办法》，自公布之日起施行。根据该办法，国家建立工作机制，对于外国法律与措施的域外适用违反国际法和国际关系基本准则，不当禁止或者限制中国公民、法人或者其他组织与第三国（地区）及其公民、法人或者其他组织进行正常的经贸及相关活动的情形，经评估确认后，可以决定由国务院商务主管部门发布不得承认、不得执行、不得遵守有关外国法律与措施的禁令。该办法还规定了及时报告、豁免遵守禁令、司法救济等制度。

> **相关知识**　《中华人民共和国反外国制裁法》

　　2021年6月10日，十三届全国人大常委会第二十九次会议表决通过了《中华人民共和国反外国制裁法》，国家主席习近平签署主席令予以公布，自公布之日起施行。该法的出台和实施，是维护国家主权、安全、发展利益的迫切需要，有利于提升我国应对外部风险挑战的法治能力，加快形成系统完备的涉外法律法规体系。

什么是外商投资安全审查？

　　外商投资安全审查是国际通行的外资管理制度，主要用于平衡经济利益和维护国家安全。我国在推动高水平对外开放的同时，也在稳步推进外商投资管理制度改革，2019 年出台的《中华人民共和国外商投资法》及其实施条例，确立了我国新时期外商投资法律制度的基本框架，明确国家建立外商投资安全审查制度，对影响或者可能影响国家安全的外商投资进行安全审查。2020 年，我国出台《外商投资安全审查办法》，规定建立外商投资安全审查工作机制，并明确外商投资安全审查范围，规定外商投资安全审查申报的机制、程序、时限和决定执行等。

如何看待通过外商投资安全审查贯彻开放和安全并重？

实施外商投资安全审查，不是搞保护主义，更不是开放倒退，主要目的是健全对外开放安全保障体系，在积极促进和保护外商投资的同时，有效预防和化解国家安全风险，为更高水平对外开放保驾护航。没有安全保障的对外开放不可持续，只有防控好安全风险，才能为新一轮对外开放奠定坚实基础，才能更好实施更大范围、更宽领域、更深层次的对外开放。

当前我国共建"一带一路"主要面临哪些风险？

当前，世界进入新的动荡变革期，共建"一带一路"主要面临世界经济增长动能不足、全球产业链供

在沙特阿拉伯吉达港，中国海军女兵护送一名从苏丹撤离的儿童

应链受阻、单边主义和保护主义明显上升、国际政治纷争和地缘冲突多点爆发、部分共建国家传统安全和非传统安全交织、重大自然灾害时有发生等风险，对我国与共建国家和地区开展务实合作及我国海外利益安全带来一定挑战。要落实风险防控制度，压紧压实企业责任，用好境外项目风险的全天候预警评估综合服务平台，及时预警、定期评估。

如何增进共建"一带一路"国家民众的获得感?

　　共建"一带一路"追求的是发展,崇尚的是共赢,传递的是希望。民生工程是快速提升共建国家民众获得感的重要途径。共建"一带一路"倡议提出 10 年多来,中国与共建国家和地区一道,聚焦消除贫困、增加就业、改善民生,取得了实打实、沉甸甸的成

　　在中国企业的积极参与下,援埃塞俄比亚河岸绿色发展项目改善了亚的斯亚贝巴的市容市貌,帮助了当地绿色低碳发展,更丰富了市民的精神文化生活,为共建清洁美丽世界贡献了中国智慧和中国方案

就，许多"小而美"项目有效提升相关国家民生水平，推动实现中国同共建国家人民"心联通"。下一步，要以高质量共建"一带一路"的八项行动为引领，坚持高标准、惠民生、可持续目标，统筹推进共建"一带一路"标志性工程和"小而美"民生项目，实施好小型民生援助项目，帮助共建国家增加就业、改善民生、摆脱贫困，切实增进共建国家民众的获得感和幸福感。

篇六

防范化解重点领域风险

**为什么防控风险是金融工作的
永恒主题？**

　　金融是经营管理风险的行业，防范化解金融风险特别是防止发生系统性风险，是金融工作的根本性任务。2023 年 10 月底召开的中央金融工作会议，高度概括坚定不移走中国特色金融发展之路的"八个坚持"，其中之一就是"坚持把防控风险作为金融工作的永恒主题"。党的十八大以来，我们把防控风险摆在更加突出位置，防范化解重大金融风险攻坚战取得积极成效。新时代新征程，必须以"时时放心不下"的责任意识做好风险防控工作，牢牢守住不发生系统性金融风险的底线。

中央金融工作会议在北京举行

如何依法将所有金融活动全部纳入监管？

依法将各类金融活动全部纳入监管，是党的二十大报告提出的明确要求，也是完善金融监管体制，特别是严厉打击非法金融活动，切实维护金融秩序和人民财产安全的重要措施。中央金融工作会议再次强调，要全面加强金融监管，切实提高金融监管有效性，依法将所有金融活动全部纳入监管。

按照中央金融工作会议精神，金融监管总局正在牵头建立防范打击非法金融活动工作机制，落实监管全覆盖要求。着力构建全覆盖的防范打击责任体系，形成金融管理部门分兵把守、行业主管部门齐抓共管、地方党委政府守土尽责、央地高效协同的工作格局。加快构建防范打击全链条、全过程治理体系，强化源头把关，阻断风险蔓延，全力打击处置，守护人民群众财产安全。

**健全金融风险监测评估与
防控体系有哪些要求？**

　　金融风险监测评估方面，一是加强对宏观经济金融风险的分析研判，强化系统性风险监测评估，关注跨机构跨行业跨市场跨境金融风险。二是充分运用压力测试、风险预警指标体系、存款保险风险差别费率等工具，加强对金融机构风险的监测预警。三是根据我国金融机构资产负债表结构变化、金融市场结构和发展演化趋势，在持续增强传统金融风险监测预警体系基础上，加强对以非信贷资产、新型金融机构和金融市场产品为主的新型金融风险的监测预警，密切跟踪数字金融、金融科技创新风险。

　　金融风险防控方面，一是统筹发展和安全，压实金融风险处置各方责任，压降存量风险、严控增量风险。二是对风险早识别、早预警、早暴露、早处置，健全具有硬约束的金融风险早期纠正机制。三是发挥存款保险市场化、法治化处置功能，加快推进金融稳

113

定保障体系建设，完善金融稳定立法和金融稳定保障基金管理制度，进一步健全金融风险防范、化解、处置长效机制。

 商业银行金融资产风险分类
应遵循什么原则？

　　信用风险是我国银行业面临的最主要风险，完善的风险分类制度是有效防控信用风险的前提和基础。1998 年，人民银行出台《贷款风险分类指导原则》，提出五级分类概念。2007 年，原银监会发布《贷款风险分类指引》，进一步明确了五级分类监管要求。近年来，我国商业银行资产结构发生较大变化，风险分类实践面临新情况和新问题。2017 年，巴塞尔委员会发布《审慎处理资产指引》，明确了不良资产和重组资产的认定标准和分类要求，旨在增强全球银行业资产风险分类标准的一致性和结果的可比性。新会计准则也对部分金融工具分类随意性较大、资产减值准备计提滞后及不足等问题提出新的要求。2023 年，原银保监会、人民银行联合发布《商业银行金融资产风险分类办法》，进一步推动商业银行准确识别风险水平、做实资产风险分类，有利于银行业有效防范化解信用风险，提升服务实体经济水平。

商业银行对金融资产开展风险分类时，应遵循真实性、及时性、审慎性和独立性原则。准确分类是商业银行做好信用风险管理的出发点，商业银行应严格按照《商业银行金融资产风险分类办法》要求开展风险分类，并根据债务人履约能力以及金融资产风险变化情况，及时、动态调整分类结果。对于暂时难以掌握风险状况的金融资产，商业银行应从严把握分类标准，从低确定分类等级。此外，商业银行应在依法依规前提下，独立判断金融资产的风险程度，确保风险分类真实、准确反映金融资产的风险状况。

如何认识资本市场改革发展与安全运行的关系？

　　发展与安全相辅相成，互为条件。就资本市场而言，一方面，只有坚持深化改革、创新发展，才能不断增强资本市场韧性和抗风险能力，为安全稳定运行奠定坚实基础。另一方面，安全稳定是资本市场改革发展的重要保障，没有安全、稳定的市场环境，很多改革创新都无法顺利推进。必须协同抓好强监管、防风险、促发展、保稳定各项工作，加快建设安全、规范、透明、开放、有活力、有韧性的资本市场，更好地服务高质量发展，助力实现中国式现代化。

> **延伸阅读** 严惩操纵市场恶意做空
>
> **切实维护市场稳定运行**
>
> 　　2024 年 2 月 5 日，证监会网站发文称，近期股市持续波动，部分不法分子非法牟利，损害投资者合法权益，证监会加大交易行为监管力度，丰富线

索筛查手段，统筹安排专项核查，加强"穿透式"
交易监控，运用多维技术手段收集市场情报，会同
公安部开展联合研判，发现多起涉嫌操纵市场恶意
做空案件。证监会坚持对影响股市稳定运行、损害
投资者合法权益的违法行为快速反应、坚决查处，
会同公安机关迅速开展收网行动，严肃依法追责。

如何健全债券违约风险预警处置机制？

　　加强债券违约风险预警处置，关键是做到对风险
早识别、早预警、早暴露、早处置。实践中，要坚持
紧盯重点企业、重点环节，动态排查监测，根据债券
兑付金额、兑付时间与发行人经营情况、现金流状况
等提前摸排风险，及时预警。同时，不断完善市场
化、法治化、多元化的债券违约处置机制，按照权责
一致、激励约束相容的原则，落实好发行人主体责

任，综合运用信用增进、债券展期、债务重组、破产
重整等方式，稳妥有序化解风险。

 如何应对商品期货市场大幅波动
风险？

　　近年来，我国在应对商品期货市场大幅波动中积
累了丰富经验。一是强化期货市场监测预警机制，每
日监控市场运行情况，提高期货交易所一线监管工作
的及时性、有效性和科学性。二是适时采取风险控制
措施，抑制市场过度投机，促进期货市场功能良好发
挥。三是加强穿透式监管，强化持仓限额管理和实控
关系账户监管等，严厉打击违法违规行为，维护期货
市场秩序。同时，加强商品期货与现货联动监管，服
务保供稳价大局。

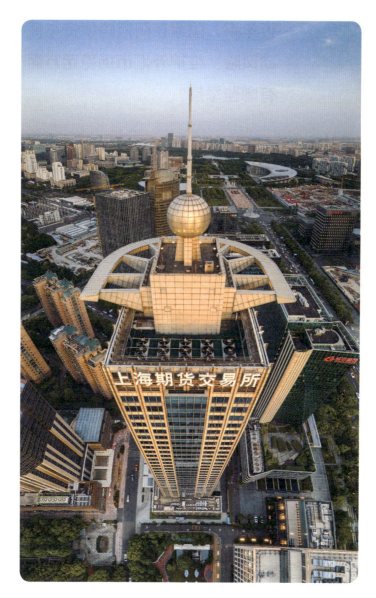

上海期货交易所外景

86 近年来，国家在防范跨境资本流动风险、维护外汇市场稳定方面有哪些举措？

2008 年以来，国际经济、金融和政治局势更加复杂多变，新冠疫情、地缘政治冲突加剧各国经济增长的不确定性，全球跨境资本流动波动性加大。为稳妥应对外部冲击风险，外汇管理部门坚持预防与应对相结合，在理论和实践中探索建立了外汇市场"宏观审慎 + 微观监管"两位一体管理框架。一方面，以加强宏观审慎为核心改善跨境资本流动管理。深化汇率市场化改革，健全跨境资本流动监测、预警和响应机制，不断丰富和完善政策工具箱，在实践中加强各类政策工具的协调配合，纠正单边、顺周期波动，维护外汇市场基本稳定。另一方面，以转变监管方式为核心完善外汇市场微观监管。健全"实质真实、方式多元、尽职免责、安全高效"的跨境交易管理机制，引导企业和金融机构坚持"风险中性"理念，加强对外汇批发市场和外汇零售端服务提供者的行为监管，严厉打击地下钱庄、跨境赌博等外汇违法违规活动，维护外汇市场健康秩序。

> **● 相关知识　什么是跨境资本流动？**
>
> 　　跨境资本流动也被称为国际资本流动，是经济全球化的伴生物，主要指资本在各经济体之间的转移，包括资本流入和流出两个方面。按照投资方式，跨境资本流动主要可以分为直接投资、证券投资、其他投资（存贷款等）。跨境资本有序流动有利于在全球范围内优化资源配置。同时，跨境资本流动尤其是短期资本流动具有逐利性、顺周期和易超调等特点，短期内资本大规模无序波动可能对一国乃至全球经济金融稳定产生重大冲击。从历史上看，部分新兴经济体在 1998 年亚洲金融危机、2008 年国际金融危机、全球新冠疫情大流行等冲击时出现跨境资本"大进大出"，引发系统性金融风险。

我国外债风险如何？

　　截至 2022 年底，我国全口径外债余额 2.45 万亿美元。从国际通行衡量外债风险的主要指标来看，我国负债率（外债余额与国内生产总值之比）为 13.6%、债务率（外债余额与贸易出口收入之比）为 66%、偿债率（外债还本付息金额与贸易出口收入之比）为 10.5%，短期外债与外汇储备之比为 42.8%，均在国际公认的安全线（分别为 20%、100%、20%、100%）以内，远低于发达经济体和新兴经济体整体水平，外债风险可控。

如何理解"房子是用来住的、不是用来炒的"定位？

　　经过 20 多年的住房制度改革和发展，我国房地产市场快速发展，住房总量短缺问题基本解决。与此同时，房地产市场发展过程中，一些地方也出现了投机炒房的现象。为促进房地产市场平稳健康发展，2016 年的中央经济工作会议提出，坚持"房子是用来住的、不是用来炒的"定位。这一定位是对住房居住属性的回归，是做好房地产工作的根本遵循。在各地区、各有关部门的共同努力下，多主体供给、多渠道保障、租购并举的住房制度逐步建立完善。"房子是用来住的、不是用来炒的"越来越深入人心。保障性住房建设加快推进，亿万群众喜圆安居梦。在结构优化和品质提升的新时期，住房发展将以让人民群众住上更好的房子为目标，加快建设绿色、低碳、智能、安全的好房子。

坚持"房子是用来住的、不是用来炒的"定位

123

如何因城施策支持刚性和改善性住房需求？

　　2023 年以来，有关部门适应我国房地产市场供求关系发生重大变化的新形势，转变房地产调控指导方式，出台稳定市场的政策措施，多措并举满足居民合理住房需求。住房城乡建设部会同人民银行、金融监管总局印发《关于优化个人住房贷款中住房套数认定标准的通知》，允许首套房认定标准执行"认房不用认贷"。财政部、税务总局、住房城乡建设部印发《关于延续实施支持居民换购住房有关个人所得税政策的公告》，支持居民"卖旧买新"改善住房条件。住房城乡建设部与人民银行、金融监管总局指导地方落实好调整优化差别化住房信贷政策，下调首付比例和贷款利率，降低存量首套住房贷款利率，更好满足刚性和改善性住房需求。在国家层面出台政策降低购房成本、优化政策环境的同时，进一步落实城市主体责任，充分赋予城市房地产调控自主权，因城施策、精准施策，用好政策工具箱，促进房地产市场平稳发展。

如何解决好新市民、青年人等住房问题？

当前，我国城镇租房居住人口超过 2 亿人，租房已成为解决新市民、青年人住房问题的重要途径。下一步，要以人口流入多、房价高的大城市为重点，充分调动居民家庭、企事业单位积极性，有效盘活存量闲置房源，多渠道增加租赁住房供应，加快补齐租赁住房短板，构建房源供应充足、租赁关系稳定、租金水平合理、市场秩序规范的住房租赁体系。加大保障性住房建设和供给，满足工薪收入群体刚性住房需求。鼓励大城市支持新市民、青年人全额提取每月缴存的住房公积金支付房租。同时，多措并举扩大住房公积金覆盖面，支持更多有住房需求的新市民、青年人在城市进得来、留得下、住得安。

当前我国政府债务风险情况如何？

我国政府债务水平在国际上处于中游偏下水平。中央政府债务负担较轻，大部分地方债务水平也不高，并有较多资源和手段化解债务。截至 2023 年末，全国地方政府债务余额约 40.74 万亿元，包括一般债务余额约 15.87 万亿元、专项债务余额约 24.87 万亿元，控制在全国人大批准的债务限额以内。按照 2023 年国内生产总值初步核算数 126.06 万亿元测算，全国政府法定负债率（政府债务余额与国内生产总值之比）为 56.1%，低于主要市场经济国家和新兴市场国家。

当前我国限额内法定债务如何管理？

当前我国对地方政府债务实行限额管理，地方政府举债不得突破批准的限额，一般债务和专项债务规模均纳入限额管理。近年来，按照党中央、国务院决策部署，财政部会同相关部门不断健全完善地方政府债务管理机制，着力优化政策供给，系统推进政策落实，初步形成了覆盖地方政府债务限额管理、预算管理、存量债务置换、债券发行、风险评估和预警、应急处置、违约处置、信息公开、日常监督等各个环节的"闭环"管理制度体系。

如何健全完善防范化解地方政府债务风险长效机制？

近年来，我国采取了一系列有力措施防范化解政府债务风险，规范的政府债务管理制度逐步建立，地方政府债务处置工作取得有效进展。下一步，将进一步完善地方政府债务管理，继续扎实化解地方政府债务风险。一是不断加强法定债务管理。强化限额管理和预算管理，稳妥控制地方政府债务规模。持续完善专项债券项目管理，建立违规使用地方政府专项债券处理处罚机制，充分发挥政府规范举债对稳增长的积极作用。落实地方政府债务应急处置和信息公开机制，明确风险防控底线，提高地方政府债务透明度。二是坚决遏制隐性债务增量。建立市场化、法治化的债务违约处置机制，稳妥化解隐性债务存量。完善常态化监测机制，加强部门间信息共享和协同监管，着力加强风险源头管控，硬化预算约束，严堵违法违规举债融资的"后门"。三是坚决查处问责违法举债行为。推动出台终身问责、倒查责任制度办法。推动省级政府健全责任追究机制。

94 为什么说就业是民生之本？

就业问题是人民群众最关心、最直接、最现实的利益问题，关乎人民对美好生活的向往。劳动者就业、参加社会劳动是创造财富的源泉，是收入分配和社会保障的基础，是劳动者实现自身生存和发展的根本途径，也是实现共同富裕的源头活水。我国是人力资源大国，有 14 亿多人口、近 9 亿劳动力，近年来需要在城镇就业的新成长劳动力每年都超过 1500 万人。如果没有解决好就业问题，个人将难以融入社会，家庭将会失去可靠的收入来源，劳动力资源优势将难以转化为发展优势，社会稳定和国家长治久安将得不到保障。因此，要把解决人民群众就业问题放在更加突出的位置，大力促进就业创业，切实把这个民生头等大事抓好。

大学毕业生春季大型综合双选会现场

95 如何落实就业优先政策？

　　就业是最大的民生工程、民心工程、根基工程，是社会稳定的重要保障，必须抓紧抓实抓好。党的十八大以来，以习近平同志为核心的党中央坚持以人民为中心的发展思想，把稳就业提到战略高度通盘考虑，强化就业优先政策，健全就业促进机制，促进我国就业规模不断扩大、就业结构不断优化。2013 年以来，全国城镇新增就业人数连续保持在 1100 万人以上，重点群体就业平稳，人民群众的获得感、幸福感、安全感更加充实、更有保障、更可持续。

　　落实好就业优先政策，要坚持协同联动，把就业摆在经济社会发展的优先位置，推动财政、货币、产业、区域、科技、环保等政策与就业政策协同，形成合力。要坚持需求牵引，挖掘先进制造业、现代服务业、数字经济就业潜力，加大对民营经济、中小微企业等吸纳就业能力强的行业企业支持，完善财政补贴、税收优惠、金融支持、社会保障等政策体系，创造更多就业机会。要坚持优先保障，健全就业影响评估机制，推动在重要规划实施、重大项目建设、重大产业布局中扩大就业容量，提升经济社会发展就业带动力，着力构建就业友好型发展模式。

96　如何加强新就业形态劳动者权益保障？

　　随着信息技术的进步和经济发展的转型，我国的劳动者就业结构和方式发生变化。第九次全国职工队伍状况调查结果显示，全国新就业形态劳动者已占职工总数的21%，主要分布在交通出行、生活服务、知识技能等领域。近年来，新就业形态的"蓄水池"作用日益显现，大幅提升了我国经济运行的就业承载力。

　　加强新就业形态劳动者权益保障，成为新时代新征程上需要细致解答的一道民生考题。从党的十八届五中全会首次提及"新就业形态"的概念，到党的二十大报告要求"加强灵活就业和新就业形态劳动者权益保障"，对新就业形态劳动者的关爱越来越细致入微。要不断完善劳动法律法规，形成适应新就业形态发展的政策体系，加快探索适合新就业形态劳动者特点的社会保障制度体系，规范用工管理考核体系，进一步完善技能培训政策和工作机制，适当放宽就业帮扶政策条件，使新就业形态劳动者可以在就业地获得更多支持。

97 人工智能发展可能对就业带来哪些影响？

当前，新一轮科技革命和产业变革加速演进，人工智能技术发展如火如荼。国际货币基金组织有关专题报告预计，受产业结构等因素影响，高度发达的经济体和部分新兴市场国家将有 60% 的工作受到人工智能影响，整个新兴市场和低收入国家受到影响的比例分别为 40% 和 26%，全球总共近 40% 的就业机会可能受到影响。从目前情况看，近年来人工智能特别是认知智能的技术阶跃发展，已对就业产生渐进影响。从长远看，人工智能研发及应用在创造新的就业机会的同时，也将对劳动者技能提出新的要求，进一步加剧就业结构性矛盾和不同群体收入差距，需要加大相关领域技能培训，建立健全相关社会保障机制。

❯ 延伸阅读　生成式人工智能带来变革

2023 年以来，以大语言模型为代表的人工智能技术加速发展，应用场景不断拓宽，对经济社会发展产生重要影响，为人类未来打开了新的想象空间。英国《自然》杂志评选年度科技人物时，将人工智能大模型纳入其中，以反映人工智能给科学研究带来的重大改变。从助力新药研发到优化金融服务，从加速软件开发到制订生产计划，人工智能应用日益广泛。麦肯锡公司发布的研究报告将 2023 年称为"生成式人工智能的突破之年"，1/3 的受访者表示自身所在组织会在至少一项业务职能中经常使用生成式人工智能。

　　人工智能应用加速落地的同时，带来的风险挑战也逐渐显露。如何防止人工智能传播虚假信息、侵害个人权益、制造安全风险、加大技术鸿沟等，在全球范围引起空前关注。各方普遍认为，如果缺少有效护栏，人工智能就存在被误用滥用的风险。近期，各方对人工智能治理紧迫性的认识在深化，相关行动在提速，但面对这样一项必将深刻影响人类文明发展轨迹的颠覆性技术，治理挑战仍广泛存在，更有效地协调全球合作是当务之急。

　　作为负责任的人工智能大国，中国一贯高度重视人工智能治理。在国内逐步建立健全相关法律法规和制度体系的同时，中国主动为加强全球人工智能治理贡献智慧。中方提出《全球人工智能治理倡议》，围绕人工智能发展、安全、治理三方面系统阐述人工智能治理的中国方案，坚持发展与安全并重的系统思维，倡导以人为本、智能向善的普遍共识，弘扬平等互利、尊重人类权益的价值理念，为各方普遍关切的人工智能发展与治理问题提供了建设性解决思路，为相关国际讨论和规则制定提供了蓝本。

如何进一步缩小城乡居民
收入差距？

当前，我国发展不平衡不充分问题仍然突出，城乡区域发展和收入分配差距较大。促进共同富裕，最艰巨最繁重的任务仍然在农村。缩小城乡居民收入差距，要从以下五个方面着手。一是深入推进户籍制度改革，扎实有序推进农业转移人口市民化，提高农业转移人口享有的城镇基本公共服务水平。二是拓宽农村居民就地就近就业渠道，加强职业技能培训。三是健全乡村产业联农带农机制，培育和推广一批劳务品牌、农产品区域公共品牌、乡愁产业品牌。四是巩固完善农村基本经营制度，发展新型农村集体经济，深化农村土地制度改革。五是加快城乡融合发展，破除妨碍城乡要素自由流动的体制机制障碍，促进资源要素更多向乡村流动。

游客在杭州市富阳区湖源乡龙鳞坝游玩

99 我国多层次、多支柱的养老保险体系主要包括哪些内容？

我国多层次、多支柱养老保险体系是指以基本养老保险为基础、以企业（职业）年金为补充、与个人储蓄性养老保险和商业养老保险相衔接的"三支柱"养老保险体系。

具体来看，第一支柱为基本养老保险，包括城镇职工基本养老保险和城乡居民基本养老保险，采取社会统筹与个人账户相结合的制度模式，主要由用人单位（其中城乡居民基本养老保险由地方财政、集体对个人缴费给予补贴）、个人共同缴费，国家财政给予补贴。第二支柱为企业年金和职业年金，由用人单位和职工共同缴费，采取个人账户模式管理，市场化运营。第三支柱为个人储蓄性养老保险和商业养老保险，包括有税收等政策支持、全国统一的个人养老金制度，以及其他个人商业养老金融业务。

❯ 延伸阅读　个人养老金制度

　　个人养老金制度是指政府政策支持、个人自愿参加、市场化运营、实现养老保险补充功能的制度。个人养老金实行个人账户制，缴费完全由参加人个人承担，自主选择购买符合规定的储蓄存款、理财产品、商业养老保险、公募基金等金融产品，实行完全积累，按照国家有关规定享受税收优惠政策。

100 《中华人民共和国反垄断法》规定的垄断行为是什么？

《中华人民共和国反垄断法》（以下简称《反垄断法》）是保护市场竞争，维护市场竞争秩序，充分发挥市场配置资源决定性作用的重要法律制度。《反垄断法》的制定和施行是我国社会主义市场经济体制和中国特色社会主义法律体系日趋完善的一个重要标志。《反垄断法》规定的垄断行为包括：一是经营者达成垄断协议。禁止具有竞争关系的经营者达成固定价格、限制产量、分割市场等垄断协议，禁止经营者与交易相对人达成固定转售价格或者限定转售最低价格等垄断协议，且经营者不得组织其他经营者达成垄断协议或者为其他经营者达成垄断协议提供实质性帮助。行业协会不得组织本行业的经营者达成垄断协议。二是经营者滥用市场支配地位。禁止经营者滥用市场支配地位，从事以不公平的高价销售商品和没有正当理由拒绝交易、限定交易、搭售或者附加其他不合理交易条件等行为。三是具有或者可能具有排除、限制竞争效果的经营者集中。经营者集中达到国务院规定的申报标准的，经营者应当事先申报，未申报的不得实施集中；未达到国务院规定的申报标准，但有证据证明具有或者可能具有排除、限制竞争效果的，国务院反垄断执法机构可以要求经营者申报。

我和《反垄断法》的故事

101 在防止垄断风险方面，国家都做了哪些工作？

党的十八大以来，我国围绕反垄断作出一系列重大决策部署。一是持续完善反垄断制度体系。完成《反垄断法》首次修改，修订发布《禁止垄断协议规定》等 5 部配套规章和 10 部指南指引，修订出台《国务院关于经营者集中申报标准的规定》。二是不断强化反垄断监管执法。截至 2023 年底，查处市场垄断案件 312 件，审结经营者集中案件 5249 件，查处滥用行政权力排除、限制竞争案件 457 件。三是着力深化竞争领域制度型开放。与全球 35 个国家和地区签署 62 份竞争领域合作文件，在 16 个多双边自贸协定和中国—东盟全面经济合作框架协议中设立竞争政策议题，持续深化与其他反垄断司法辖区的沟通交流和务实合作，共同维护公平竞争市场秩序。四是大力弘扬公平竞争文化。定期编撰发布中英文版反垄断执法年度报告，打造中国公平竞争政策宣传周平台，指导企业加强公平竞争合规管理体系建设。

统一大市场　公平竞未来

视频索引

 我就是土地 /022

 严守耕地保护红线 织密织牢耕地保护网 /022

 推进种业振兴 /030

 "最低收购价政策"是什么 /035

 2023年度国内十大科技新闻 /070

 创新驱动 加快建设科技强国 /071

 科技创新，企业何为？ /075

后 记

经济安全是国家安全的基础。以习近平同志为核心的党中央高度重视经济安全，强调要增强忧患意识、坚持底线思维，坚决维护我国发展利益，积极防范各种风险，确保国家经济安全。党的二十大报告指出，要加强重点领域安全能力建设，确保粮食、能源资源、重要产业链供应链安全。为深入学习贯彻总体国家安全观，引导广大干部群众科学理性认识、积极参与维护国家经济安全，中央有关部门组织编写了本书。

本书由国家发展改革委牵头编写。郑栅洁任主编，辛国斌、郭婷婷任副主编，袁达、王江、王刚、夏鑫、郑玉琪、何海林、骆晓强、崔鹏程、王爱民、张华平、张雪涛、李传光、高敏凤、吕修涛、李莉、杨柳、邸连柱、周智高、刘志清、张望军、张志成、晁铭波、董万成、刘宝生、王国建任编委会成员。本书调研、写作和修改主要工作人员有：于文静、王子哲、史洁、朴雅琳、毕翔、师旭辉、朱聪、朱晓勇、任成、刘洋、刘梦瑶、许谅亮、孙越、李强、李小亮、时晓璐、肖光伟、宋金湘、宋晓朋、张荣、张希圆、张雨宇、陈俊、陈晨、林彬、果铭、金星、郎君、郦水清、侯迪、费明硕、姬大潜、崔洪运、焦政、蔡飞、樊利楠、潘程吉（按姓氏笔画排序）。参加本书审读的人员有：于焕杰、冯宏业、母丹、李琪、吴明洋、张文、张胜满、张家铭、贺钟慧、康璐璐、彭晓鹏、童熔、霍雨雷（按姓氏笔画排序）等。本书编写工作由国家发展改革委国民经济综合司具体承担，国家发展改革委经济研究所在具体编撰中提供了积极协助，人民出版社在出版过程中给予了大力支持。在此，一并表示衷心感谢。

书中如有疏漏和不足之处，还请广大读者提出宝贵意见。

编　者

2024 年 4 月

责任编辑：陈光耀　池　溢　靳康康

装帧设计：周方亚

责任校对：东　昌

图书在版编目（CIP）数据

国家经济安全知识百问/《国家经济安全知识百问》编写组著 . —
北京：人民出版社，2024.4

ISBN 978 - 7 - 01 - 026511 - 7

I.①国… II.①国… III.①中国经济 - 经济安全 - 问题解答
IV.① F125.7-44

中国国家版本馆 CIP 数据核字（2024）第 077416 号

国家经济安全知识百问

GUOJIA JINGJI ANQUAN ZHISHI BAIWEN

本书编写组

人 民 出 版 社 出版发行

（100706　北京市东城区隆福寺街 99 号）

中煤（北京）印务有限公司印刷　新华书店经销

2024 年 4 月第 1 版　2024 年 4 月北京第 1 次印刷
开本：880 毫米 × 1230 毫米 1/32　印张：5.125
字数：72 千字

ISBN 978 - 7 - 01 - 026511 - 7　定价：25.00 元

邮购地址 100706　北京市东城区隆福寺街 99 号
人民东方图书销售中心　电话（010）65250042　65289539